HISTOIRE juniors

LES GAULOIS

Texte de Martine Besnier
Illustrations de Franck Prefumo
sous la direction d'André Bendjebbar

Les Gaulois et l'Histoire

Celtes
Ce sont les peuples qui parlent la langue celtique, une langue proche du latin et du germanique.

Bouclier (ve s. av. J.-C.).

civilisation de La Tène
Autre nom de la civilisation des Gaulois. La Tène est en Suisse l'endroit où furent trouvés de très nombreux objets de cette période.

monter à cru
Monter à cheval sans selle.

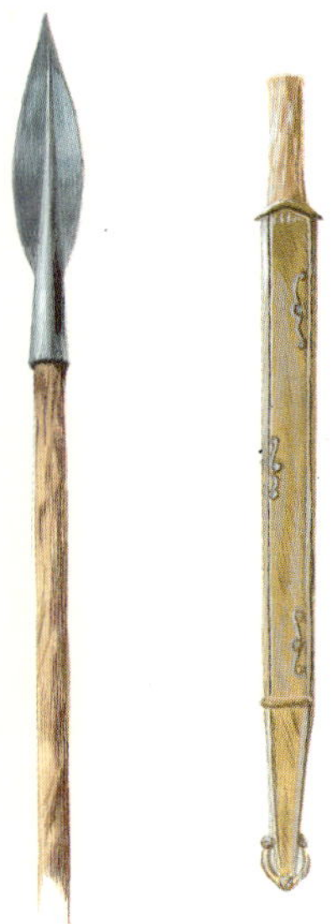

Lance et épée avec fourreau (ve s. av. J.-C.).

Les Gaulois sortent de l'ombre du temps à partir du VIe siècle av. J.-C. Les auteurs anciens parlent de leurs expéditions sur les flots brumeux de l'océan. Dans l'Antiquité, les Grecs nomment **Celtes,** et les Romains appellent Gaulois, les peuples qui vivent en Gaule. De nos jours, les archéologues découvrent des traces de villages et des fonds de cabanes. Ils fouillent des tombeaux contenant de magnifiques objets. Et, peu à peu, l'histoire des habitants de la Gaule prend forme comme un puzzle. Pourtant, il reste difficile de connaître les Gaulois qui n'ont laissé aucun livre, ni aucun écrit. La civilisation gauloise, appelée aussi **civilisation de la Tène,** commence vers 475 av. J.-C. et s'achève par la conquête de César (52 av. J.-C.). Aux origines, la Gaule n'est qu'un petit territoire entre la Moselle et le Rhin.

Quand arrive le Ve siècle av. J.-C., en Champagne, les chefs de guerre paradent sur leur char à deux roues. Ils se livrent à des guerres incessantes. Les chefs au casque étincelant volent au combat. Deux petits chevaux, au museau court, les emportent avec agilité. Les disques en bronze des harnachements scintillent comme or au soleil. Les guerriers portent sur le côté droit une épée longue, à double tranchant. Elle est suspendue par des chaînes à leur ceinturon et rangée dans un fourreau en fer habilement travaillé. Les guerriers jettent des lances sur leurs ennemis et se protègent de leur grand bouclier de bois recouvert de cuir. Les cavaliers, qui **montent à cru,** et les fantassins, qui vont à pied, ont un équipement beaucoup plus léger fait de poignards, de lances et de javelots. Et puis vient le temps où ces guerriers, sans qu'on sache pourquoi, partent vers de nouvelles conquêtes.

Char de combat gaulois (V^{e}, IVe siècles av. J.-C.

À la conquête de

Étrusques
La civilisation étrusque naît au VIIIe siècle av. J.-C. Les Étrusques occupèrent des territoires situés entre Rome et la plaine du Pô. Ils furent progressivement dominés par les Romains.

Capitole
C'est l'une des sept collines de Rome sur laquelle était bâti le temple de Jupiter Capitolin.

Aux IVe et IIIe siècles av. J.-C., toutes les régions d'Europe voient passer des convois de Gaulois, emmenant femmes, enfants et troupeaux. Les tribus se déplacent d'un pays à l'autre. Chevaux et bœufs tirent de nombreux chariots remplis de blé. Ces guerriers et paysans s'en vont coloniser de nouvelles terres et emportent des vivres pour plusieurs mois.
Les Gaulois de Champagne partent vers l'Italie. Ils franchissent les Alpes, dévastent le territoire des **Étrusques** dans la plaine du Pô. Les marchands italiens ne leur ont-ils pas vanté la douceur du pays de la vigne et du vin ? Ils leurs vendaient le vin à des prix incroyables : une cruche de vin contre un esclave ! Les Gaulois le buvaient pur et il leur faisait perdre la tête. En 386 av. J.-C., ils se dirigent vers Rome. Sept mois durant, Brennus, roi des Sénons, et ses troupes pillent et occupent la ville de Rome sans prendre le **Capitole.**

nouvelles terres

D'autres groupes celtiques partent vers l'Orient jusqu'en Asie Mineure. Au début de l'hiver 279 av. J.-C., l'un de ces groupes de guerriers pille le trésor du sanctuaire d'Apollon à Delphes. D'autres se font mercenaires des armées des rois grecs ou d'Orient. Ils font la guerre pour des pièces d'or appelées **statères.** Fortune faite, les mercenaires et leurs familles reviennent de Macédoine vers la Gaule avec des monnaies à l'effigie du roi Philippe ou de l'empereur grec Alexandre. Selon la légende, la tribu des Volques Tectosages, riche du butin de Delphes, fonde sa colonie près de Toulouse. D'autres tribus reviennent s'installer en Champagne et certaines vont même jusque sur la grande île de Bretagne.

Peu à peu, les fières tribus gauloises occupent un espace qui s'étend sur toute la France, augmentée de la Belgique, de la Suisse et de la rive gauche du Rhin.

statère
Monnaie grecque d'or et d'argent.

Statère d'or de Philippe de Macédoine.

Le temps des oppida

oppidum (pluriel : **oppida**)
Mot latin qui désigne la place forte gauloise entourée d'un mur gaulois.

aristocrates
Puissants qui détiennent richesse et pouvoir.

Frappe d'une pièce de monnaie.

Bibracte
Capitale des Éduens (aujourd'hui Mont-Beuvray dans la Nièvre).

Parisii
Nom du peuple dont la capitale était Lutèce (ancien nom de la ville de Paris).

murus gallicus (mur gaulois)

Au IIe siècle av. J.-C., dans les régions riches, les Gaulois créent des villes fortifiées appelées **oppida.** Perchées sur les sites élevés de leur région, protégées par des pentes abruptes ou des cours d'eau, ces villes renforcent leur défense par de puissants remparts, le **« mur gaulois ».** Le *murus gallicus* de Bibracte, long de 5,250 km, est composé de pierres et d'une armature de madriers de bois. Il délimite un espace de 135 hectares ! L'oppidum d'Alésia occupe une surface de 97 hectares.

À l'abri des murailles, les commerçants entassent leurs richesses et contrôlent le commerce. Des **aristocrates** qui se livrent au commerce détiennent maintenant le pouvoir. Les bateaux et les barques remplis d'amphores de vin et d'huile d'Italie remontent les cours d'eau. Les bêtes et les chariots gravissent les routes qui mènent aux larges portes des villes fortifiées. Ils sont chargés de sel de l'Atlantique ou de Lorraine, d'étain de Bretagne, de cuivre, de fer et de marchandises diverses.

Les principales villes de la « Gaule chevelue » s'appellent **Bibracte,** Alésia et Gergovie. Sur une île de la Seine, Lutèce, la ville des **Parisii,** profite déjà de sa situation et frappe de belles monnaies. Chaque peuple dispose de plusieurs oppida, organisés comme de vraies villes. Les Helvètes en ont une douzaine. Dans chaque oppidum, on trouve un espace réservé aux assemblées du peuple, un marché, un lieu de foire et des quartiers d'artisans. À Bibracte, les beaux quartiers ont de larges rues. Ici ou là, on voit des rues de potiers ou d'émailleurs. Forgerons et bronziers s'installent en périphérie, le long d'accès faciles pour recevoir les matières premières. Au Ier siècle av. J.-C., ils produisent en grand nombre des objets que tous peuvent s'offrir. Les fibules deviennent si communes qu'il est facile d'en acquérir à petit prix.

La construction du murus gallicus.

La conquête du midi gaulois

Marseille
Massalia fut fondée par les grecs de Phocée au début du VIe siècle av. J.-C. Marseille est l'alliée de Rome depuis le IVe siècle av. J.-C.

Sculpture à deux têtes de Roquepertuse.

vétérans
Anciens légionnaires de l'armée romaine.

Cimbres, Teutons
Peuples germaniques ou celtiques.

Marius
(157 av. J.-C.-86 av. J.-C.) Général et homme politique romain.

Au cours des siècles, Rome étend ses conquêtes. En 191 av. J.-C., la république romaine chasse les Gaulois et les Étrusques et s'empare de la Gaule cisalpine. En ce temps, la ville grecque de **Marseille,** amie des Romains, subit les attaques des peuples de l'intérieur de la Gaule. Des pirates pillent les cargaisons des bateaux qui approvisionnent Rome et la Grèce. Le commerce se dérègle. Plusieurs fois, les Romains viennent au secours des Marseillais. Non loin de Marseille, les Romains découvrent avec horreur le portique de Roquepertuse où les crânes humains sont enchassés dans le linteau et les montants de la porte. En 124 av. J.-C., leurs armées détruisent le sanctuaire gaulois d'Entremont et fondent Aix-en-Provence.

Le puissant roi des Arvernes, Bituit, n'accepte pas cette présence. Avec ses armes colorées, il parade sur son char d'argent suivi de ses chiens. Ses gardes, parés de bijoux, l'escortent tandis qu'un musicien chante sa gloire et celle des Arvernes. Le 8 août 121 av. J.-C., son immense armée est battue après un dur combat contre quatre légions romaines. Puis, par traîtrise, un général romain capture Bituit.

Pour humilier les Gaulois et marquer leur triomphe, les Romains imitent leurs coutumes. Sur le champ de bataille même, ils construisent des trophées en forme de piliers sur lesquels ils attachent les armes gauloises.

Les légions romaines poursuivent encore leur route vers Nîmes et Toulouse. Un consul romain fonde la colonie de Narbonne (118 av. J.-C.) où les **vétérans** des légions reçoivent des terres. Puis, en 105 av. J.-C., d'autres ennemis paraissent. Les **Cimbres** et les **Teutons,** venus de Germanie, déferlent sur la Gaule et ravagent pendant trois ans la Provence. Rien ne les arrête jusqu'à ce qu'en 102 av. J.-C., le général romain **Marius** les anéantisse. Forts de cette nouvelle victoire, les Romains ne convoitent plus la seule Narbonnaise. Ils veulent s'emparer de toute la Gaule.

Trophée romain à l'imitation des trophées gaulois.

L'héritage

L'ordre des mots

La langue française présente avec le latin et la langue germanique une différence essentielle. L'ordre des mots de la phrase s'aligne d'une façon qui nous paraît la seule logique : le sujet, le verbe, le complément. On le doit à l'héritage gaulois.

Coq tricolore sur la pelouse du Parc des Princes (Tournoi des Cinq Nations)

Le coq

Le mot *gallus* en latin a deux sens : coq et gaulois. Les Romains se moquaient ainsi des Gaulois. Depuis ce temps-là, le coq est devenu l'un des emblèmes des Français. Ainsi, l'équipe de France de Rugby a gardé le coq pour emblème.

La bande dessinée *Astérix* utilise, parfois avec justesse, les enseignements de l'Histoire

Avez-vous l'esprit gaulois ?

- Êtes-vous attaché à la liberté?
- Avez-vous l'esprit de résistance ?
- Savez-vous faire de beaux discours ?
- Avez-vous l'esprit ouvert ?
- Êtes-vous ingénieux ?
- Aimez-vous le vin ?
- Aimez-vous les chevaux et les chiens ?

Avec cinq oui, vous êtes un digne descendant de « Nos ancêtres les Gaulois ».

Quelques mots d'origine gauloise

briva : indique la présence d'un pont. Exemple : Brive.
dunum : indique une fortification munie de remparts ou située sur une hauteur (Issoudun, Loudun, Châteaudun).

Autres mots d'origine gauloise : lande, bruyère, breuil, marne, glaise, bourbe, raie, javelle, charrue, chemin, arpent, lieue, etc. Voici quelques villes au nom d'origine gauloise : Milan, Londres, Paris, Lyon, Belgrade, Vienne.